Impressum
Verlag: BABADADA GmbH, Nedderfeld 112 , 22529 Hamburg
Geschäftsführer / Verlagsleitung: Harald Hof
Druck: Books on Demand GmbH, In de Tarpen 42, 22848 Norderstedt

Imprint
Publisher: BABADADA GmbH, Nedderfeld 112 , 22529 Hamburg, Germany
Managing Director / Publishing direction: Harald Hof
Print: Books on Demand GmbH, In de Tarpen 42, 22848 Norderstedt, Germany

школа

baba

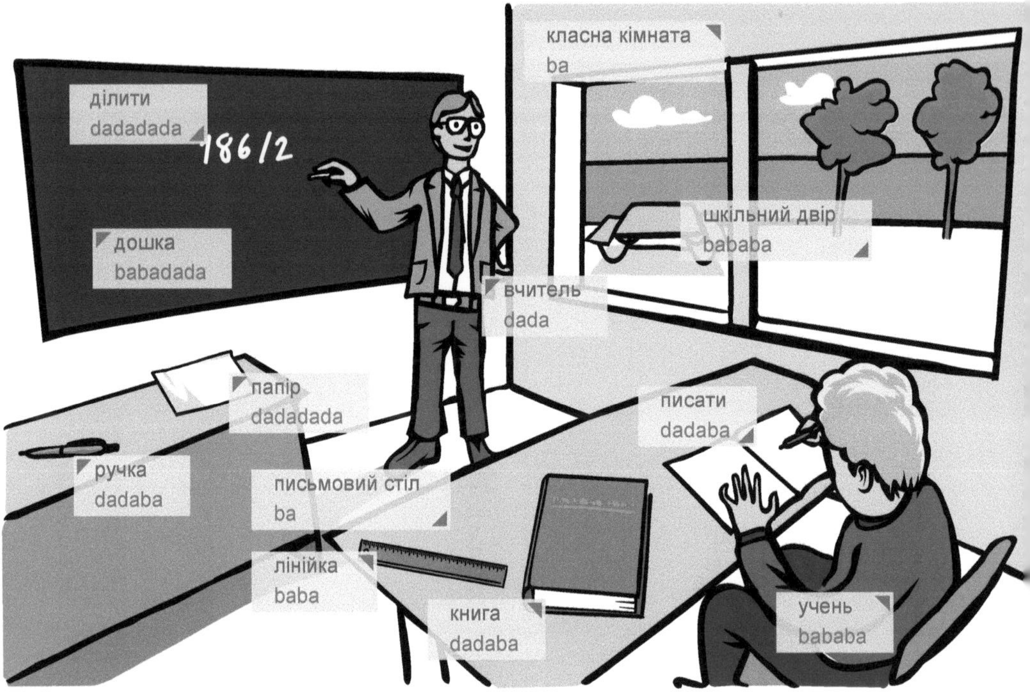
класна кімната
ba
ділити
dadadada
186/2
дошка
babadada
шкільний двір
bababa
вчитель
dada
папір
dadadada
писати
dadaba
ручка
dadaba
письмовий стіл
ba
лінійка
baba
книга
dadaba
учень
bababa

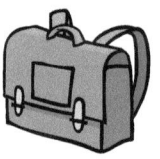

ранець

dadaba

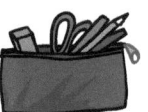

пенал

dada

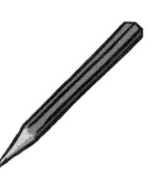

олівець

bababa

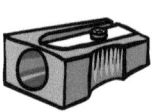

точило

dadaba

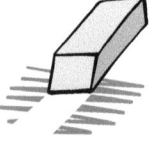

гумка

baba

альбом для малювання

ba

малюнок

bababa

пензель

ba

коробка фарб

dada

ножиці

babadada

клей

dadaba

зошит

dadadada

домашнє завдання

babadada

число

bababa

додавати

dadaba

віднімати

bababa

множити

badada

рахувати

dadababa

літера

bababdada

абетка

babababa

hello

слово

dada

текст

babadada

читати

dadadada

крейда

dada

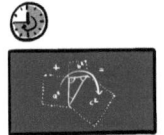

година

babababa

класний журнал

ba

екзамен

baba

диплом

babababa

шкільна форма

babadada

освіта

babababa

лексикон

dadababa

університет

babababa

мікроскоп

dadababa

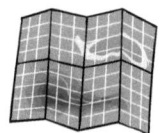

карта

bababa

кошик для паперу

babadada

подорож
baba

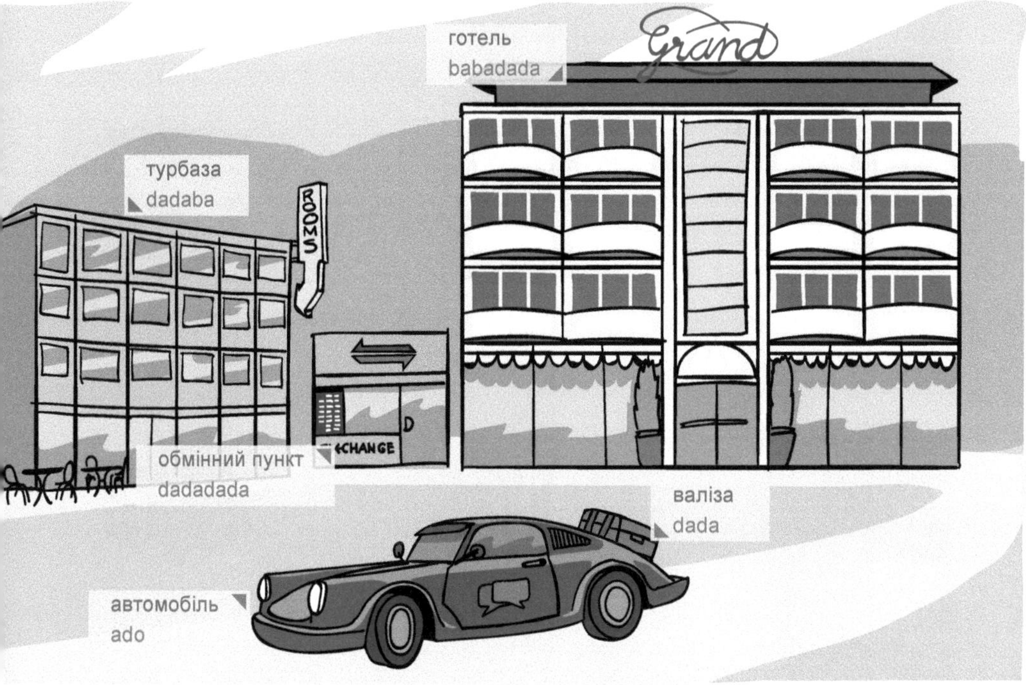

готель
babadada
Grand
турбаза
dadaba
ROOMS
обмінний пункт
dadadada
EXCHANGE
валіза
dada
автомобіль
ado

мова

dadadada

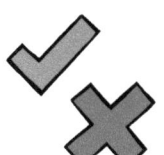

так / ні

da / meh

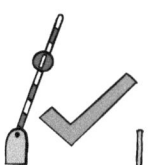

добре

Oh

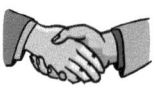

привіт

ba

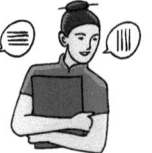

перекладач

dada

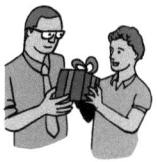

дякую

dada

Скільки коштує ...?

babababa

Я не розумію

ah

проблема

dadaba

Добрий вечір!

ba dada

Доброго ранку!

babadada

На добраніч!

heia!

До побачення

dadaba

напрямок

badada

багаж

dada

сумка

babababa

рюкзак

babababa

гість

baba

кімната

dadadada

спальний мішок

dadadada

намет

dada

подорож - baba

туристична інформація

dadadada

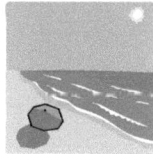

пляж

badada

кредитна картка

babadada

сніданок

dadababa

обід

baba

вечеря

bababa

квиток

dada

ліфт

dada

поштова марка

babadada

межа

badada

митниця

dadaba

посольство

babadada

віза

dadaba

паспорт

dada da da da

транспорт
dadadada

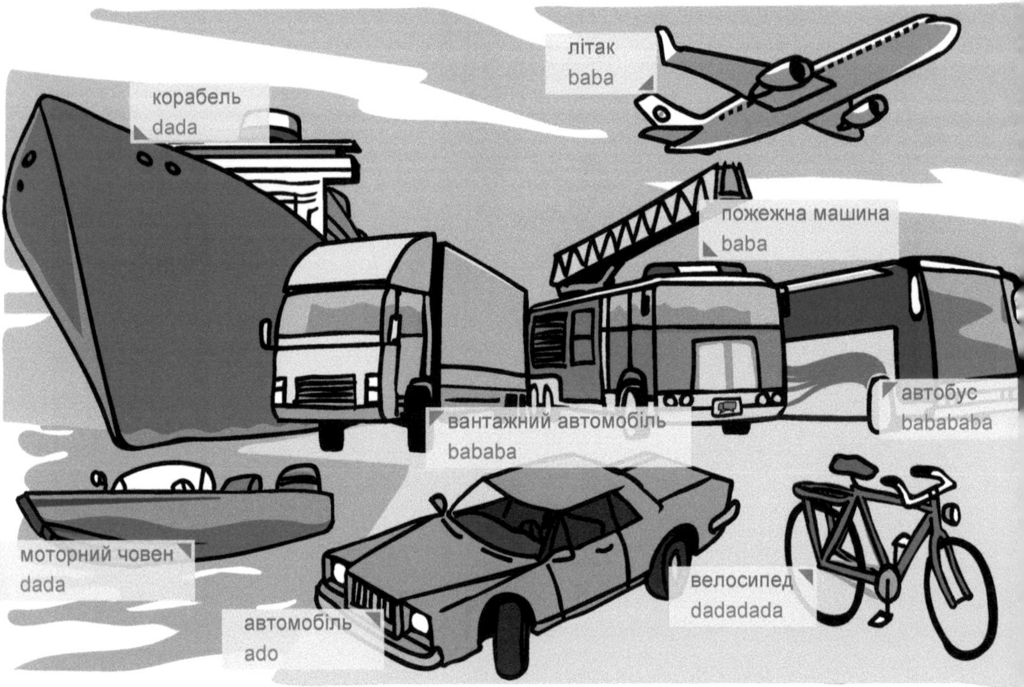

літак
baba

корабель
dada

пожежна машина
baba

автобус
bababababa

вантажний автомобіль
bababa

моторний човен
dada

велосипед
dadadada

автомобіль
ado

пором

babadada

човен

baba

мотоцикл

bababa

поліцейська машина

ado

гоночний автомобіль

ado

автомобіль на прокат

спільне користування авто

dada

евакуатор

ado

сміттєвоз

ado

двигун

brumbrum!

паливо

bababa

автозаправна станція

dada

дорожній знак

dadaba

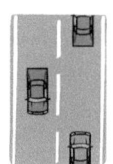

рух

badada

затор

ado ado

стоянка

babadada

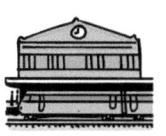

вокзал

babababa

рейки

dada

потяг

dadaba

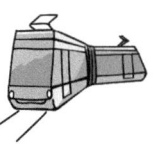

трамвай

baba

вагон

dadaba

гелікоптер

baba

аеропорт

baba

вежа

dadaba

пасажир

baba

контейнер

badada

коробка

dada

візок

baba

кошик

dadadada

стартувати / приземлятися

da / bada

місто

dadaba

село

bababa

центр міста

dadababa

дім

dadaba

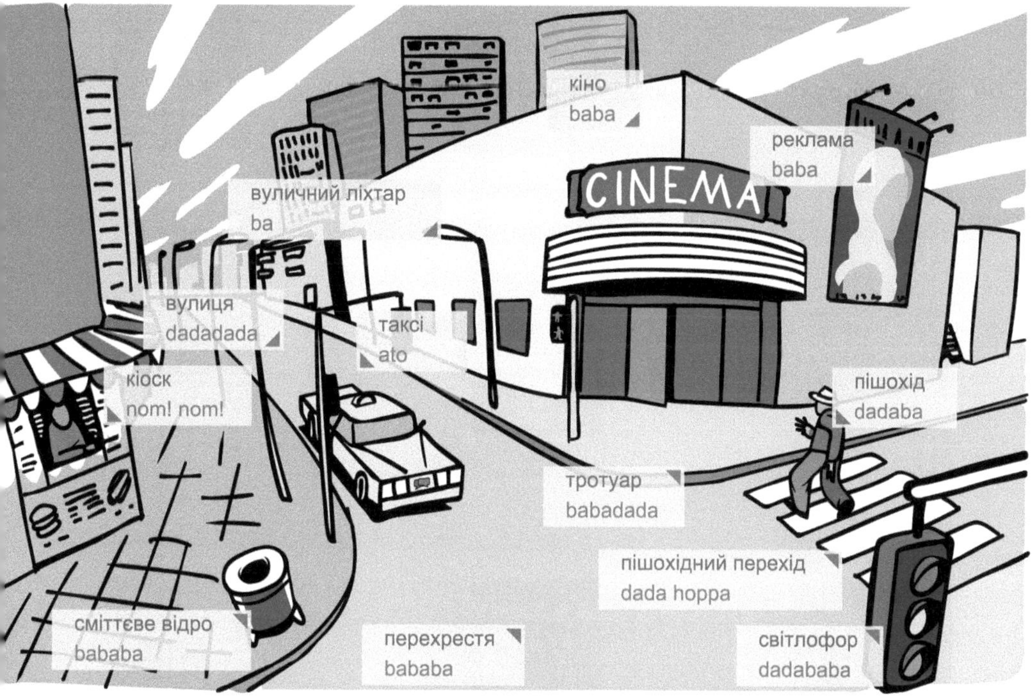

кіно
baba

реклама
baba

вуличний ліхтар
ba

CINEMA

вулиця
dadadada

таксі
ato

кіоск
nom! nom!

пішохід
dadaba

тротуар
babadada

пішохідний перехід
dada hoppa

сміттєве відро
bababa

перехрестя
bababa

світлофор
dadababa

хатина
....
babadada

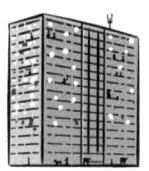

квартира
....
dadadada

вокзал
....
babababa

ратуша
....
dadaba

музей
....
bababa

школа
....
baba

університет

bababababa

банк

dadadada

лікарня

aua!

готель

babadada

аптека

aua!

офіс

baba

книжковий магазин

bababa

магазин

ba

квітковий магазин

dadaba

супермаркет

dada nom nom

ринок

dadadada

універмаг

dadadada

торговець рибою

nom! nom!

торговельний центр

baba

гавань

ba

парк

dadadada

лава

baba

міст

bababa ba

сходи

dadadada

метро

bababa

тунель

baba

автобусна зупинка

ba

бар

bababa ba

ресторан

nom nom!

поштова скринька

dadaba

вулична табличка

dada

лічильник паркування

baba

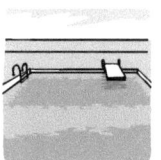

зоопарк

bababa

басейн

dada

мечеть

baba

ферма
dadaba

забруднення
навколишнього
середовища
dadababa

кладовище
bababa

церква
ba

дитячий майданчик
dadababa

храм
bababa

ландшафт

dada

листок
baba

вказівний стовп
baba

шлях
dada

луг
bababa

камінь
baba

дерево
dadababa

мандрівник
dada

річка
bababa

трава
dada

квітка
mama!

долина

badada

гора

bababa

озеро

dadadada

ліс

dadadada

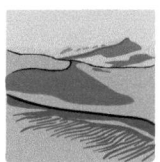

пустеля

dadababa

вулкан

dadaba

замок

babababa

веселка

dadaba

гриб

bababa

пальма

dadababa

комар

aua!

муха

badada

мурашка

dadababa

бджола

summ summ

павук

dada

жук

dadaba

жаба

quak

вивірка

dadababa

їжак

dadaba

заєць

baba

сова

gackgack

птах

gackgack

лебідь

gackgack

кабан

babadada

олень

dadadada

лось

dadadada

гребля

dadadada

вітряк

ba

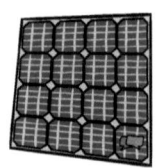

сонячний модуль

dadadada

клімат

bababa

офіціант
dadadada

меню
baba

стілець
dadaba

суп
nom! nom!

піца
nom nom!

столові прилади
ba

скатертина
babababa

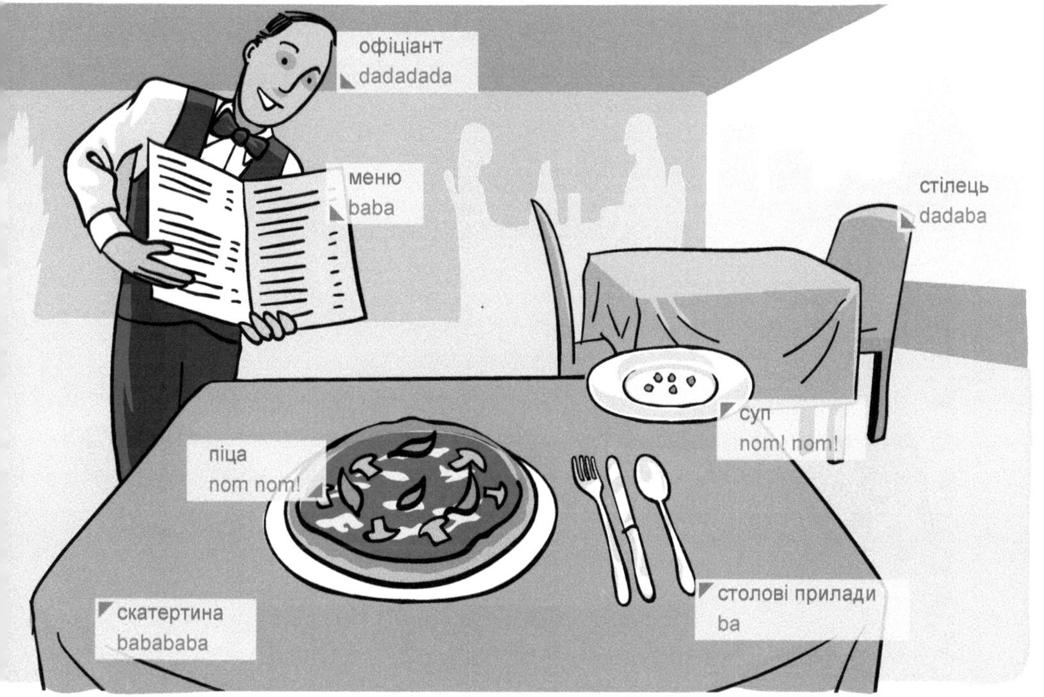

закуска

nom! nom!

друга страва

nom! nom!

десерт

nom nom!

напої

dadababa

їжа

nom nom!

пляшка

nom nom!

фаст-фуд

nom! nom!

вулична їжа

nom! nom!

чайник

bababab

цукорниця

nom! nom!

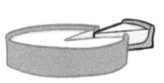

порція

nom nom!

еспресо-машина

dadaba

високий стільчик

bababa

рахунок

ba

піднос

bababa

ніж

ba

вилка

babadada

ложка

dadaba

чайна ложка

bababa

серветка

dadaba

склянка

ba

тарілка

nom nom!

тарілка для супу

babababa

блюдце

babababa

соус

nom! nom!

солонка

dadadada

млин для перцю

dadaba

оцет

bähbäh

масло

dadababa

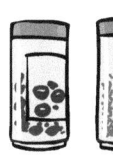

спеції

dadababa

кетчуп

nom! nom!

гірчиця

nom! nom!

майонез

nom nom!

супермаркет
dada nom nom

пропозиція
dadababa
FOR
клієнт
dadaba
молочні продукти
dadaba
фрукти
nom nom!
візок для покупок
baba

BUTCHERS

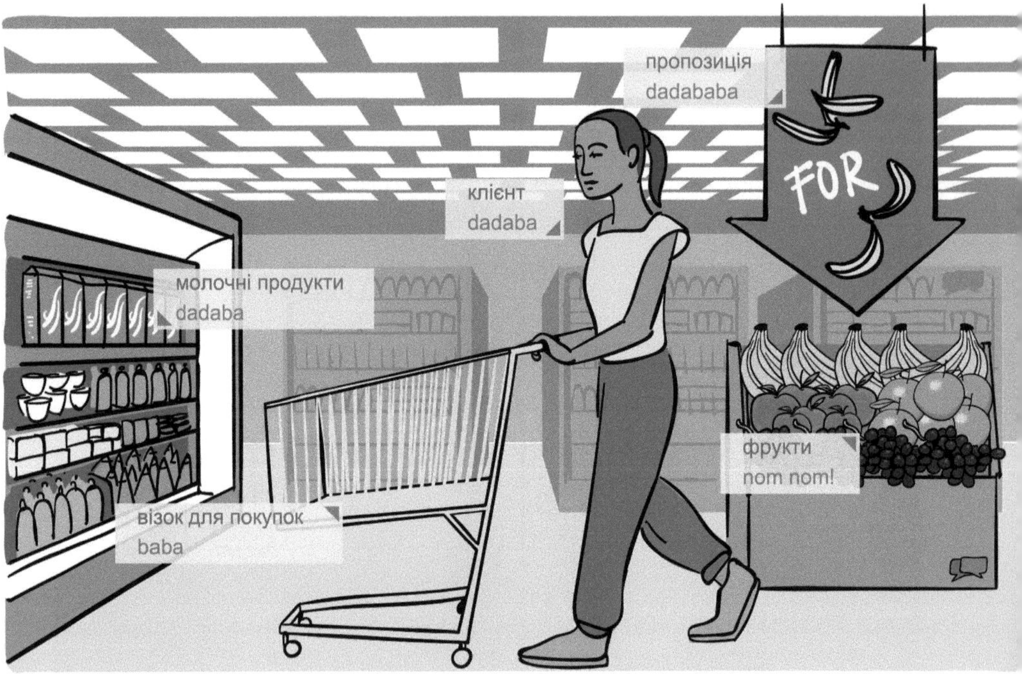

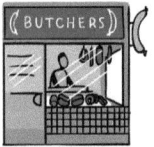

м'ясний магазин

dadaba

BAKERY

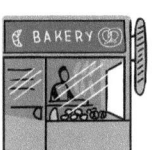

пекарня

nom! nom!

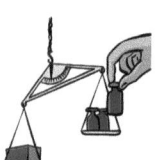

зважувати

bababa

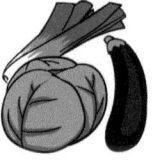

овочі

bähbäh

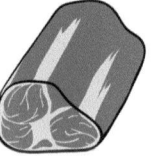

м'ясо

nom nom!

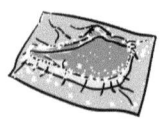

заморожені продукти

nomnom

ковбасна нарізка

nom nom!

консерви

nomnom

пральний порошок

bababa

солодощі

baba

предмети домашнього побуту

dadaba

мийний засіб

dadababa

продавщиця

bababa

каса

bababa

касир

dadaba

список покупок

dada

часи роботи

dadababa

гаманець

baba

кредитна картка

babadada

сумка

dadababa

поліетиленовий пакет

dadababa

вода

wasa

сік

dadadada

молоко

badada

кола

ba

вино

bababa

пиво

dadadada

алкоголь

dadaba

какао

bababa

чай

dadababa

кава

dada

еспресо

dadaba

капучіно

dadababa

банан

nane

яблуко

nom nom!

апельсин

bababa

кавун

nom nom!

лимон

nom nom!

морква

bähbäh

часник

bada meh

бамбук

dadaba

цибуля

dadaba

гриб

nom nom!

горішки

nom nom!

локшина

nom nom!

спагеті

nom nom!

рис

nom nom!

салат

nom nom!

картопля фрі

nom nom!

смажена картопля

nom nom!

піца

nom nom!

гамбургер

nom nom!

бутерброд

nom nom!

шніцель

nom nom!

шинка

nom nom!

салямі

nom nom!

ковбаса

nom nom!

курка

gack gack

печеня

nom nom!

риба

nom nom!

вівсяні пластівці

nom nom!

мюслі

bähbäh

кукурудзяні пластівці

nom nom!

борошно

nom nom!

круасан

nom nom!

булочка

babadada

хліб

nom! nom!

тостовий хліб

nom nom!

печиво

nom nom!

масло

nom nom!

сир

nom nom!

пиріг

nom nom

яйце

dadaba

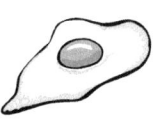

яєчня

nom nom!

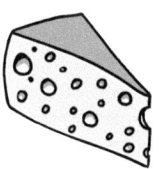

сир

bada muh

морозиво

nom nom!

цукор

nom nom!

мед

baba summ

мармелад

nom nom!

нуга-крем

nom nom!

карі

babadada

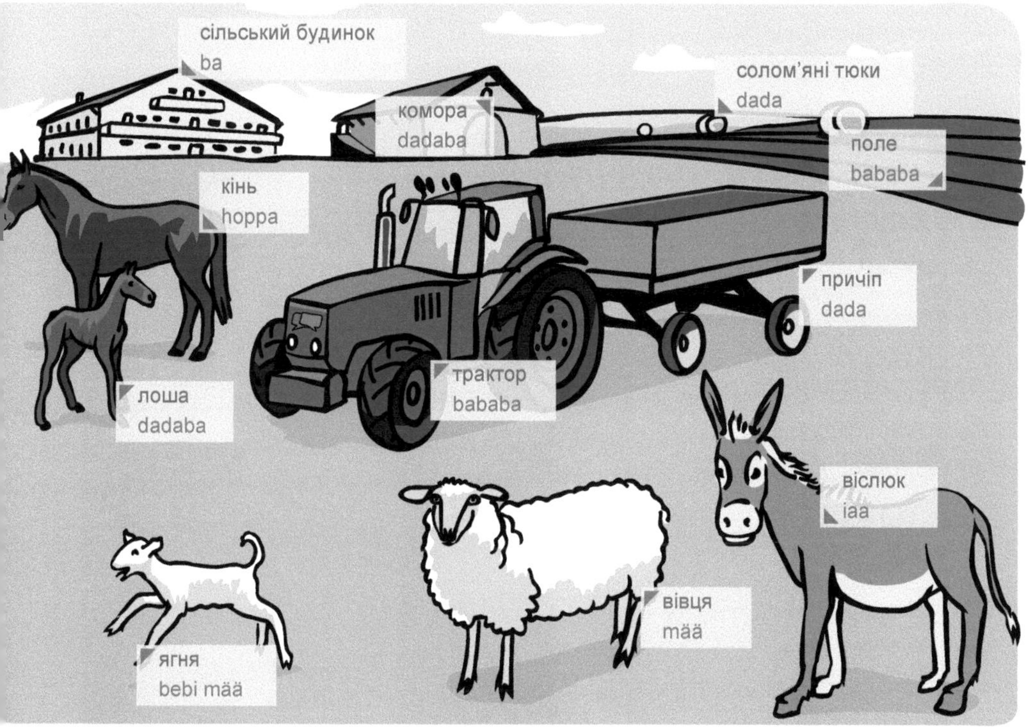

сільський будинок
ba

комора
dadaba

солом'яні тюки
dada

поле
bababa

кінь
hoppa

причіп
dada

лоша
dadaba

трактор
bababa

віслюк
iaa

ягня
bebi mää

вівця
mää

коза
......
baba

корова
......
muh

теля
......
mimuh

свиня
......
mama oink

порося
......
oink

бик
......
dadadada

гусак

gackgack

качка

gackquack

курча

gacki

курка

gackgack

півень

gacko

щур

dada

кіт

mau

миша

bababa

віл

muh

собака

wauwau

собача будка

wauwau

садовий шланг

baba

лійка

dadababa

коса

baba

плуг

dadababa

серп

baba

мотика

dadadada

вила

dada

сокира

bababa

тачка

babababa

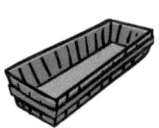

корито

baba

бідон молока

dada muh

мішок

dadababa

паркан

badada

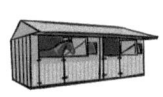

хлів

dadadada

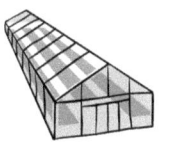

теплиця

ba

ґрунт

babadada

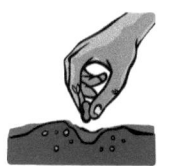

насіння

baba

добриво

baba

комбайн

dadababa

пожинати

babab

урожай

dadadada

корінь ямсу

dadaba

пшениця

dadababa

соя

dadababa

картопля

bababa

кукурудза

badada

ріпак

bababa

плодове дерево

bababa

маніок

dadadada

злаки

dadababa

ферма - dadaba

дім

dadaba

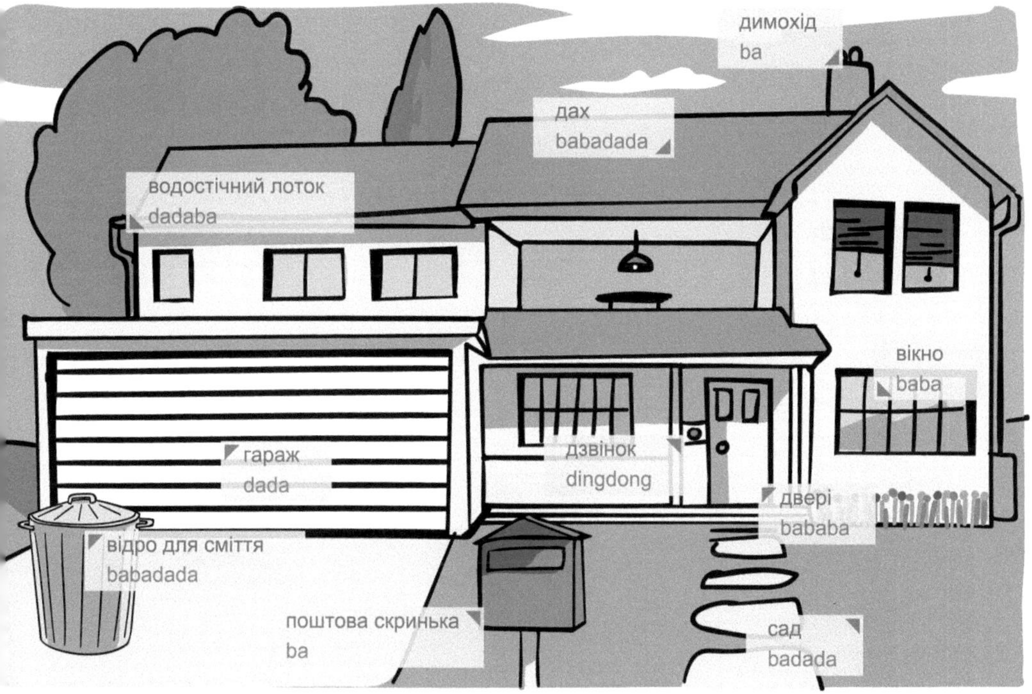
димохід
ba
дах
babadada
водостічний лоток
dadaba
вікно
baba
гараж
dada
дзвінок
dingdong
двері
bababa
відро для сміття
babadada
поштова скринька
ba
сад
badada

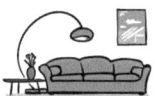

вітальня

dadadada

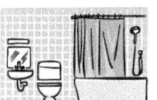

ванна кімната

bababa

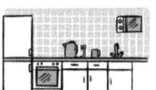

кухня

bababa

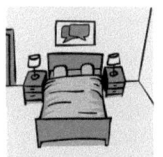

спальня

dadababa

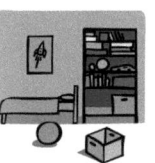

дитяча кімната

meina

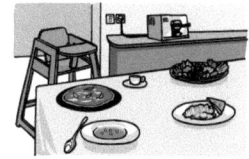

їдальня

dadaba

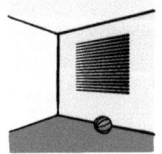

підлога

badada

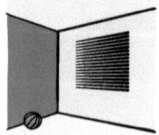

стіна

dadababa

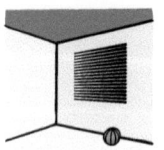

стеля

bababa

підвал

dada

сауна

dadababa

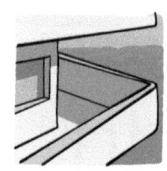

балкон

babababa

тераса

dadadada

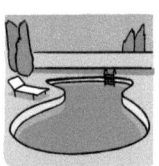

басейн

bababa

косарка

baba

простирало

dadaba

ковдра

babadada

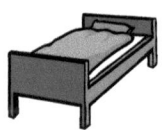

ліжко

heia!

мітла

dada

відро

dadaba

перемикач

dadababa

вітальня
dadadada

шпалери
dadadada
малюнок
badada
лампа
badada
поличка
dadadada
шафа
ba
телевізор
dada gucki
камін
dadababa
квітка
mama!
подушка
baba
диван
dada
ваза
dadaba
пульт
baba

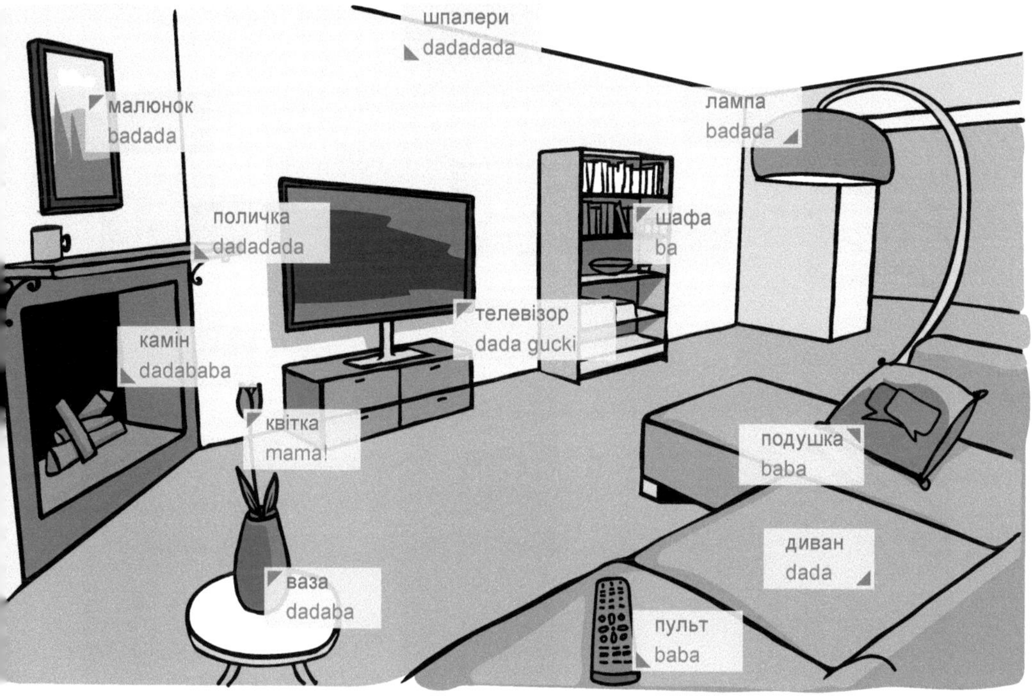

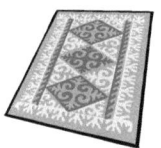

килим

dada

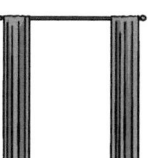

завіса

bababa

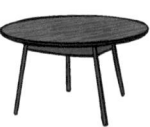

стіл

ba

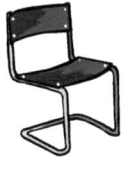

стілець

dadaba

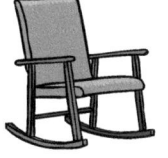

крісло-гойдалка

dadadada

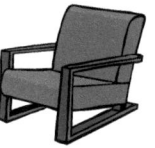

крісло

bababa

книга

dadaba

ковдра

dadadada

прикраса

dadaba

дрова

ba

фільм

dadadada

стереосистема

lala

ключ

babadada

газета

dadadada

картина

dadadada

плакат

bababa

радіо

lala

блокнот

dadababa

пилосос

babadada

кактус

aua!

свічка

babadada

кухня
bababa

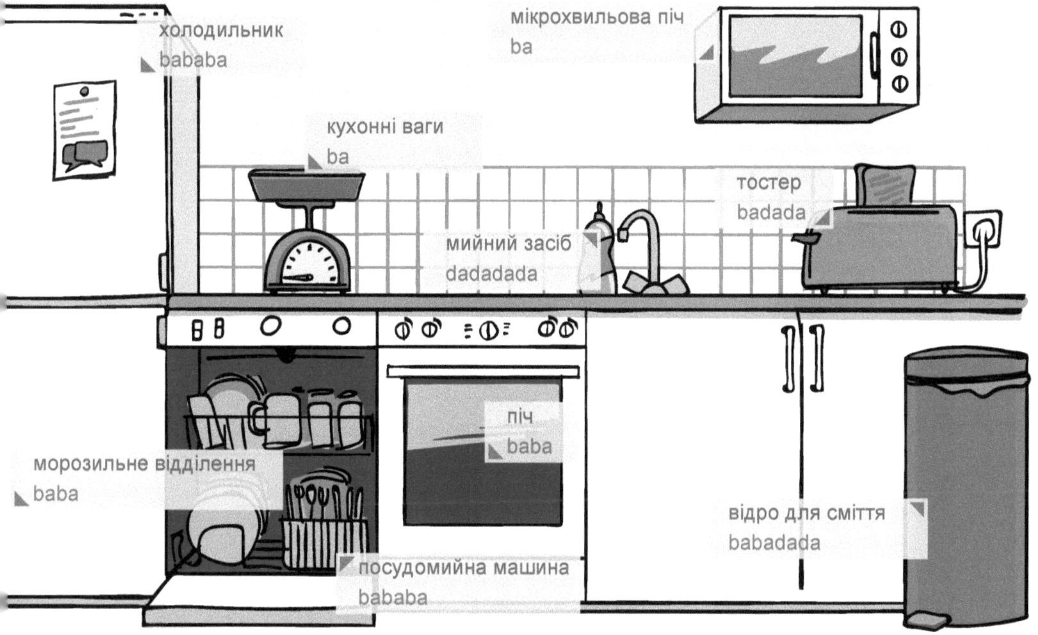
холодильник
bababa
мікрохвильова піч
ba
кухонні ваги
ba
тостер
badada
мийний засіб
dadadada
піч
baba
морозильне відділення
baba
відро для сміття
babadada
посудомийна машина
bababa

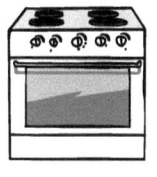

плита

dada

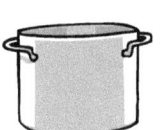

горщик

dada

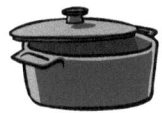

чавунний горщик

dada

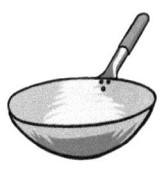

вок / кадай

baba / dada

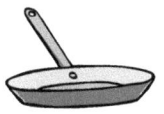

сковорода

badada

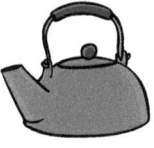

чайник

ba

пароварка

dadababa

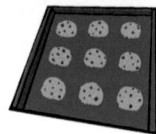

лист

bababa

посуд

dadaba

кухоль

dadadada

чаша

dadaba

палички для їжі

baba

черпак

dadaba

лопатка

dadadada

вінчик для збивання

badada

сито

dada

сито

bababa

терка

baba

ступка

dadababa

барбекю

dada

багаття

aua!

дошка

dadababa

качалка

babababa

штопор

dadababa

конзерва

dadadada

відкривачка

bababa

прихватки

dadababa

раковина

dadadada

щітка

dadababa

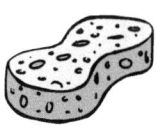

губка

ba

міксер

aua!

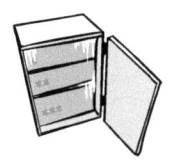

морозильна камера

babadada

дитяча пляшка

bababa

кран

dadadada

ванна кімната

bababa

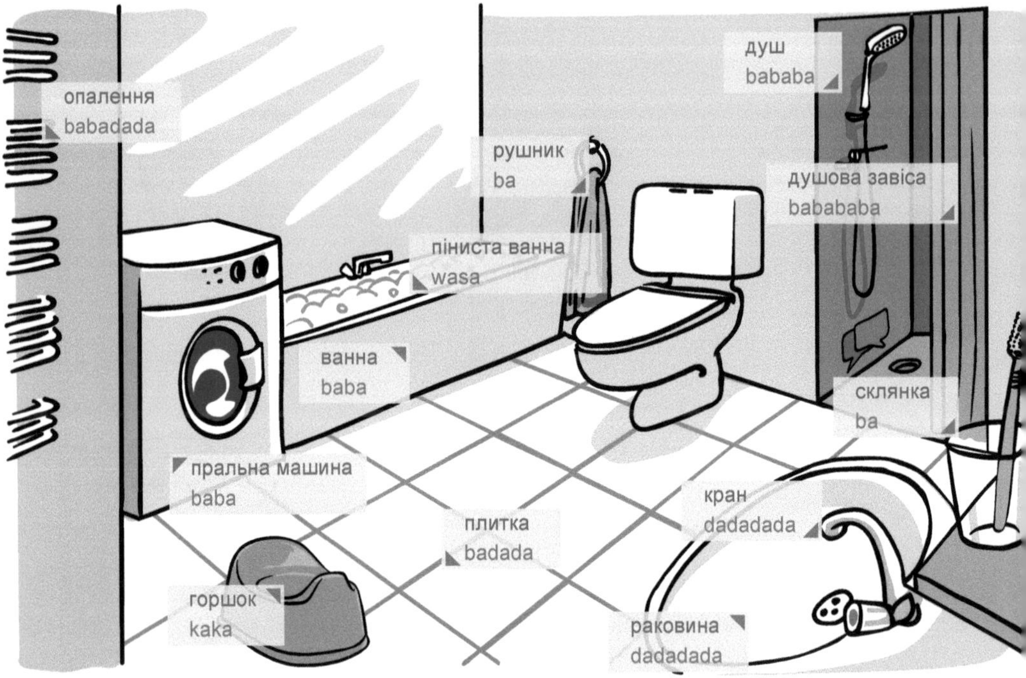
опалення
babadada
рушник
ba
душ
bababa
душова завіса
babababa
піниста ванна
wasa
ванна
baba
склянка
ba
пральна машина
baba
кран
dadadada
плитка
badada
горшок
kaka
раковина
dadadada

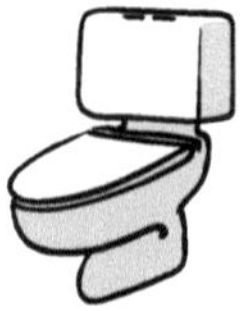

туалет
kaka

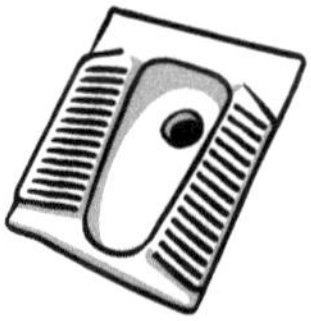

підлоговий туалет
ba

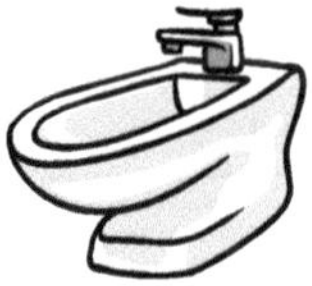

біде
dadababa

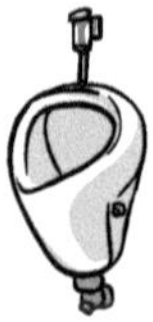

пісуар
dadababa

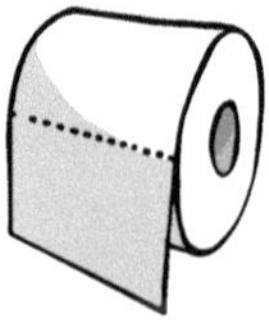

туалетний папір
kaka

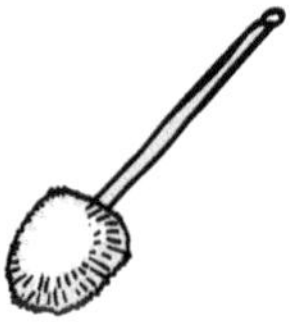

щітка для туалету
bababa

зубна щітка

bababa

зубна паста

nom! nom!

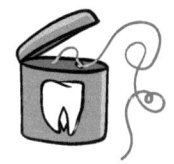

нитка для чищення зубів

dadadada

мити

bababa

ручний душ

babababa

інтимний душ

dadadada

таз

badada

щітка для спини

dadadada

мило

nom! nom!

гель для душу

nom! nom!

шампунь

nom! nom!

мочалка

babadada

водостік

dadaba

крем

nom! nom!

дезодорант

babababa

дзеркало

dadadada

косметичне дзеркало

dadadada

бритва

ba

піна для гоління

nom! nom!

лосьйон після гоління

nam! nam!

гребінь

dadababa

щітка

baba

фен

dadadada

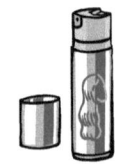

лак для волосся

badada

косметика

dadaba

губна помада

mama!

лак для нігтів

ba

вата

bababa

ножиці для нігтів

dadadada

парфум

bababa

косметичка

dadadada

табурет

bababa

ваги

dadadada

халат

ba

гумові рукавички

babababa

тампон

ba

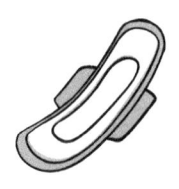

гігієнічні прокладки

bababa

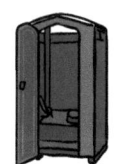

біотуалет

baba

дитяча кімната

meina

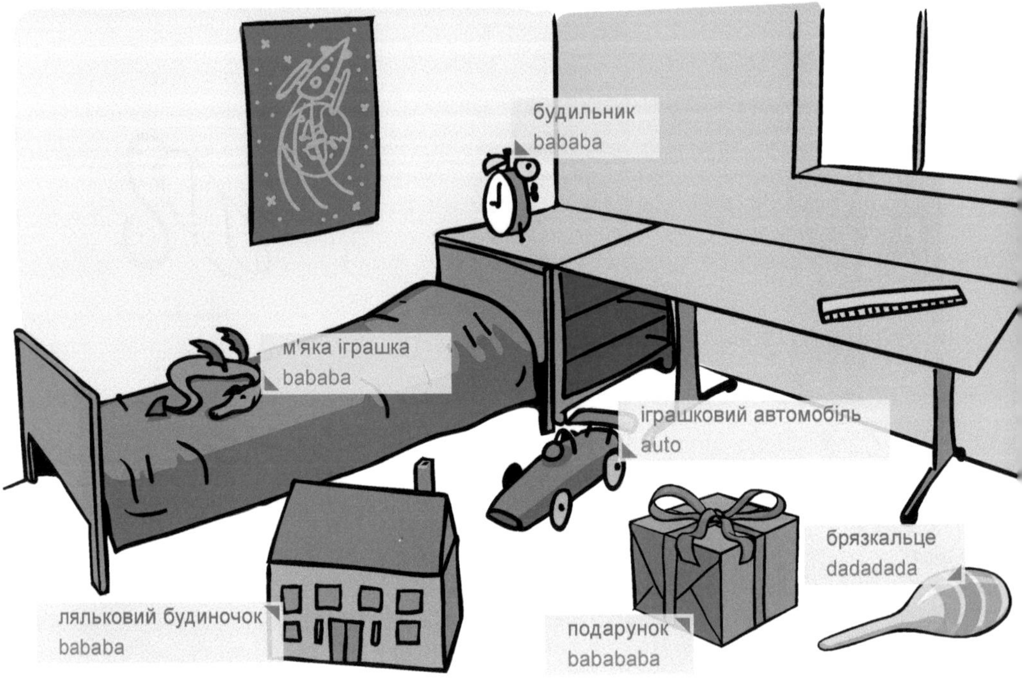
будильник
bababa
м'яка іграшка
bababa
іграшковий автомобіль
auto
брязкальце
dadadada
ляльковий будиночок
bababa
подарунок
babababa

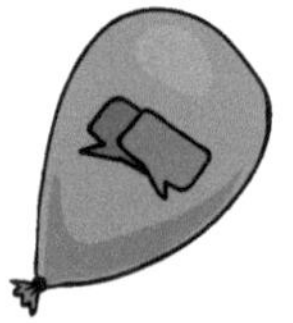

повітряна кулька

dadadada

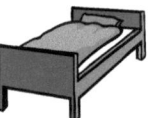

ліжко

heia!

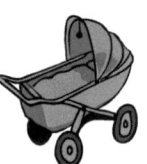

дитячий візок

dadaba

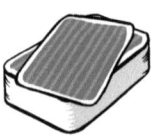

картярська гра

dadababa

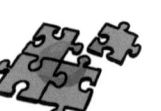

пазл

bababa

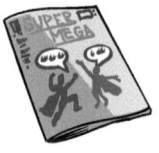

комікс

dadababa

лего цеглинки

badada

блоки

badada

іграшкова фігурка

dada

повзунки

dadadada

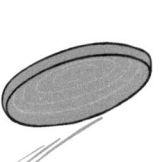

фризбі

dadaba

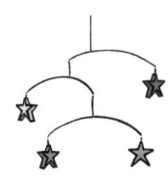

мобіле

dadaba

настільна гра

ba

кубик

baba

модель залізнична станція

dadababa

соска

lula

вечірка

baba

книжка з картинками

dadaba

м'яч

dada

лялька

dada

грати

badada

пісочниця

dadaba

гойдалка

babababa

іграшка

dadababa

гральна консоль

dadaba

триколісний велосипед

babadada

плюшевий мішка

dadababa

шафа

dadaba

одяг

baba

шкарпетки

dadadada

панчохи

ba

колготки

dada

шарф
bababa

парасоля
bababa

футболка
badada

ремінь
dadababa

чоботи
baba

домашнє взуття
baba

кросівки
ba

сандалі

bababa

взуття

badada

гумові чоботи

dada

труси

ba

бюстгальтер

baba

нижня сорочка

dadadada

боді

badada

штани

ba

джинси

bababa

спідниця

dada

блузка

bababa

сорочка

dadadada

пуловер

baba

светр

baba

піджак

babadada

куртка

baba

пальто

bababa

дощовик

dadababa

костюм

bababa

сукня

ba

весільна сукня

dadaba

костюм

dadadada

нічна сорочка

bababa

піжама

heia

сарі

baba

головна хустка

dadadada

чалма

dada

бурка

dada

кафтан

baba

абая

dadadada

купальник

wasa

плавки

bababa

шорти

dadababa

тренувальний костюм

bababa

фартух

baba

рукавички

bababa

гудзик

dadaba

окуляри

babadada

браслет

dada

ланцюг

dadababa

кільце

bababa

сережка

dadababa

шапка

dada

плічка

babadada

капелюх

dadababa

краватка

bababa

застібка-блискавка

badada

шолом

dadaba

підтяжки

dada

шкільна форма

babadada

уніформа

babababa

нагрудник

namnam

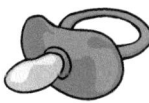

соска

lula

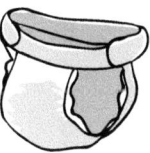

підгузок

kaka!

офіс
baba

сервер
dadaba

шаф для документів
dadababa

принтер
badada

монітор
dadadada

папір
dadadada

миша
baba

письмовий стіл
ba

папка
dadaba

синтезатор
dada

стілець
bababa

кошик для паперу
babadada

комп'ютер
dada

кавовий кухоль

dada

калькулятор

bababa

інтернет

da da

ноутбук

papa!

лист

dadababa

повідомлення

ba

мобільний телефон

fon

мережа

bababa

копіювальний пристрій

ba

програмне забезпечення

bababa

телефон

dada bing

розетка

aua!

факс

bababa

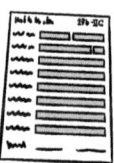

бланк

dadaba

документ

bababa

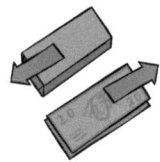

купувати

baba

платити

dadadada

торгувати

dadaba

гроші

badada

USD

долар

babadada

EUR

євро

dadaba

JPY

ієна

bababa

RUB

рубль

ba

CHF

франк

dada

CNY

юанів женьміньбі

dada

INR

рупія

ba

банкомат

ba

обмінний пункт

dadadada

золото

dadadada

срібло

baba

нафта

dadadada

енергія

ba

ціна

dadadada

контракт

baba

податок

bababa

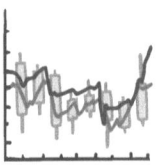

акція

dadadada

працювати

dadaba

працівник

dadadada

роботодавець

dadababa

фабрика

dadaba

магазин

ba

економіка - badada

поліцейський
baba

пожежник
dada

пілот
bababa

лікар
aua!

повар
babababa

садівник
bababa

столяр
bababa

швачка
baba

суддя
bababa

хімік
dadaba

актор
dadababa

водій автобуса

ba

таксист

auto mann

рибалка

bababa

прибиральниця

dadadada

покрівельник

dadadada

офіціант

dadadada

мисливець

badada

художник

dadadada

пекар

dadababa

електрик

papa!

будівельник

bababababa

інженер

bababa

забійник

dadababa

бляхар

dadadada

листоноша

bababa

солдат

dadadada

архітектор

ba

касир

dadaba

флорист

bababa

перукар

babadada

кондуктор

bababa

механік

dadaba

капітан

dada

дантист

badada

вчений

ba

рабин

bababa

імам

dadaba

монах

dada

пастор

dadadada

інструменти
dada

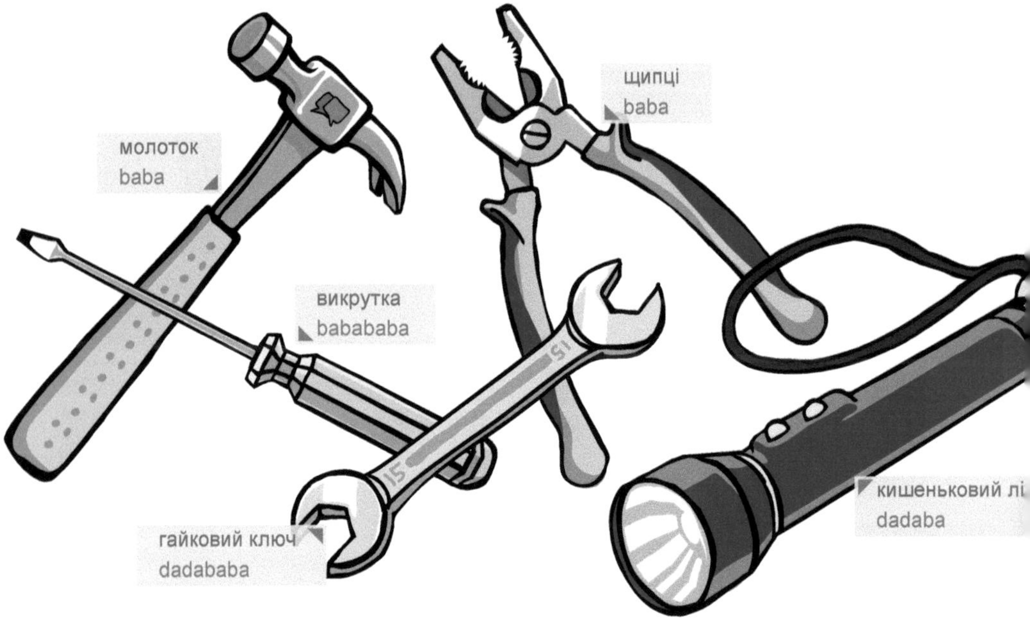

молоток
baba
щипці
baba
викрутка
babababa
гайковий ключ
dadababa
кишеньковий лі
dadaba

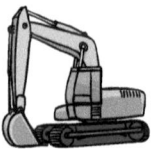

екскаватор

dadaba

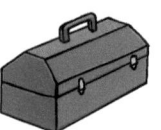

ящик для інструментів

baba

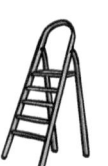

драбина

babababa

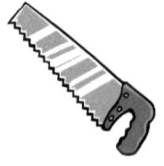

пилка

dadaba

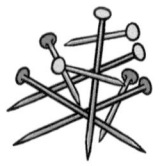

цвяхи

babadada

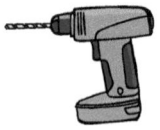

свердло

dada

ремонтувати

dadababa

лопата

dada

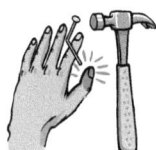

лайно!

aua!

совок

dada

відро з фарбою

dadaba

гвинти

babababa

музичні інструменти
bababa

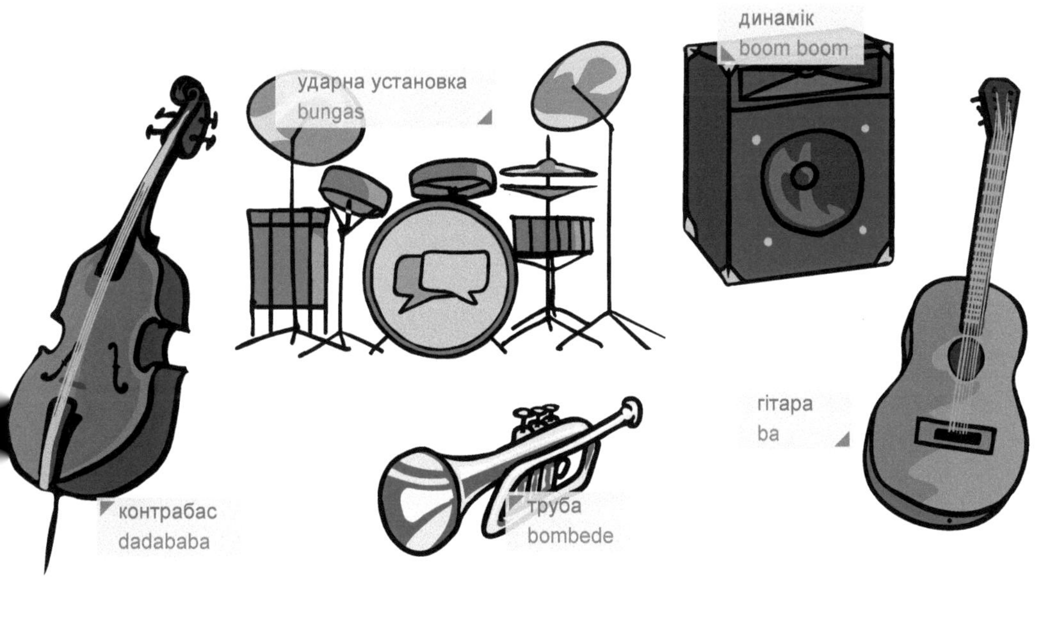

ударна установка
bungas

динамік
boom boom

гітара
ba

контрабас
dadababa

труба
bombede

фортепіано

bingbing

скрипка

bababa

бас

ba

литаври

badada

барабан

bunga bunga

клавіатура

badada

саксофон

dadababa

флейта

dadababa

мікрофон

dadadada

зоопарк
bababa

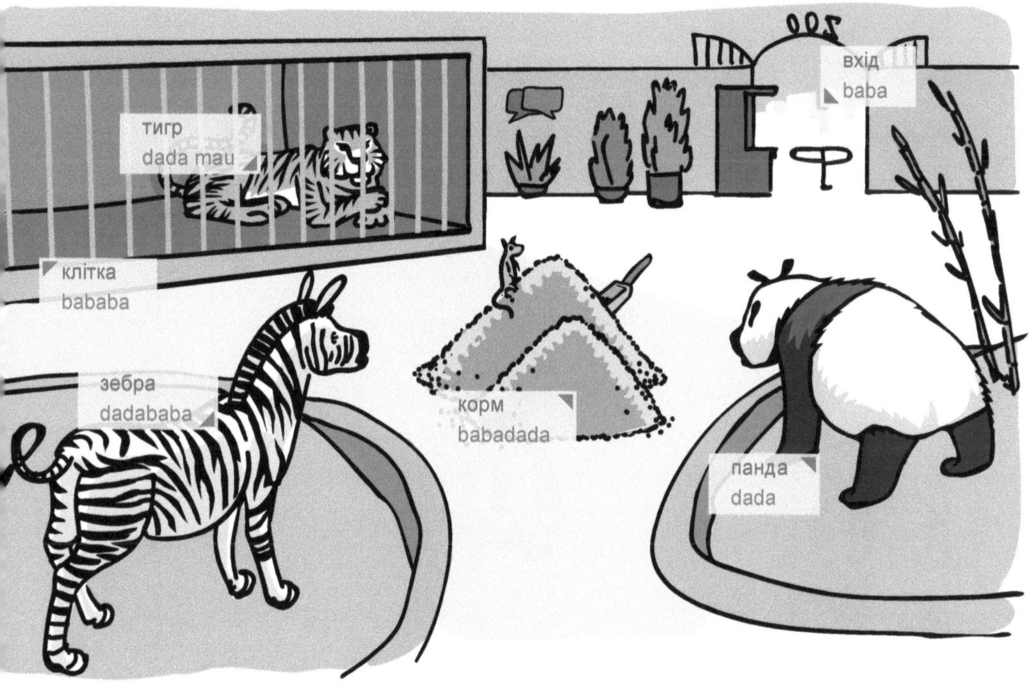
тигр
dada mau
вхід
baba
клітка
bababa
зебра
dadababa
корм
babadada
панда
dada

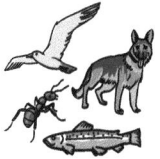

тварини

dadadada

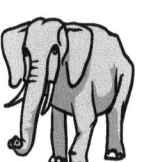

слон

bababa

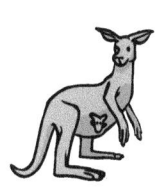

кенгуру

dadaba

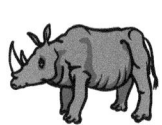

носоріг

babadada

горила

dada

ведмідь

babababa

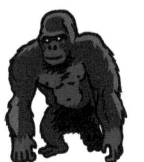

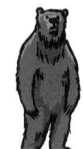

верблюд

dadaba

страус

gackgack

лев

babadada

мавпа

dadaba

фламінго

gackgack

папуга

bababa

білий ведмідь

bababa

пінгвін

dada

акула

bababa

павич

dadaba

змія

badada

крокодил

babababa

працівник зоопарку

dadadada

тюлень

dada

ягуар

bababa

зоопарк - bababa

поні

ei!

леопард

dadadada

гіпопотам

dada

жираф

babababa

орел

bababa

кабан

babadada

риба

nom nom!

черепаха

dadadada

морж

anje

лисиця

dadadada

газель

bababa

американський футбол
dadababa

їзда на велосипеді
dadaba

теніс
bum bum

баскетбол
ball

плавання
badada

бокс
aua!

хокей
baba

футбол
dadadada

бадмінтон
badada

легка атлетика
dadababa

гандбол
ball

лижні перегони
dadadada

поло
baba

стрибати
dada

сміятися
baba

обіймати
bababa

співати
dadababa

йти
dada

молитися
dadadada

цілувати
mama!

мріяти
dadababa

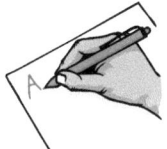

писати

dadaba

малювати

dada

показувати

dadababa

тиснути

dada

давати

badada

брати

dadaba

мати

dadaba

робити

dadadada

бути

babadada

стояти

dadadada

бігати

baba

тягнути

dadababa

кидати

dadadada

падати

dadaba

лежати

badada

очікувати

dadaba

носити

bababa

сидіти

ba

одягати

dadababa

спати

heia!

просипатися

bababa

дивитися

bababababa

плакати

baaaaaa

гладити

dadadada

розчісувати

bababa

розмовляти

bababa

розуміти

baba

питати

badada

слухати

dadababa

пити

bababa

їсти

nomnom!

прибирати

badada

любити

ba

варити

badada

їхати

dadababa

літати

dadadada

йти під вітрилом
....
dadababa

рахувати
....
dadababa

читати
....
dadadada

вчитися
....
dadababa

працювати
....
dadaba

одружуватися
....
baba

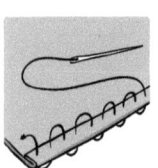

шити
....
dada

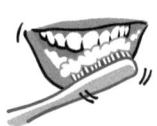

чистити зуби
....
aua!

убивати
....
aua!

курити
....
dadababa

посилати
....
babababa

сім'я
dadababa

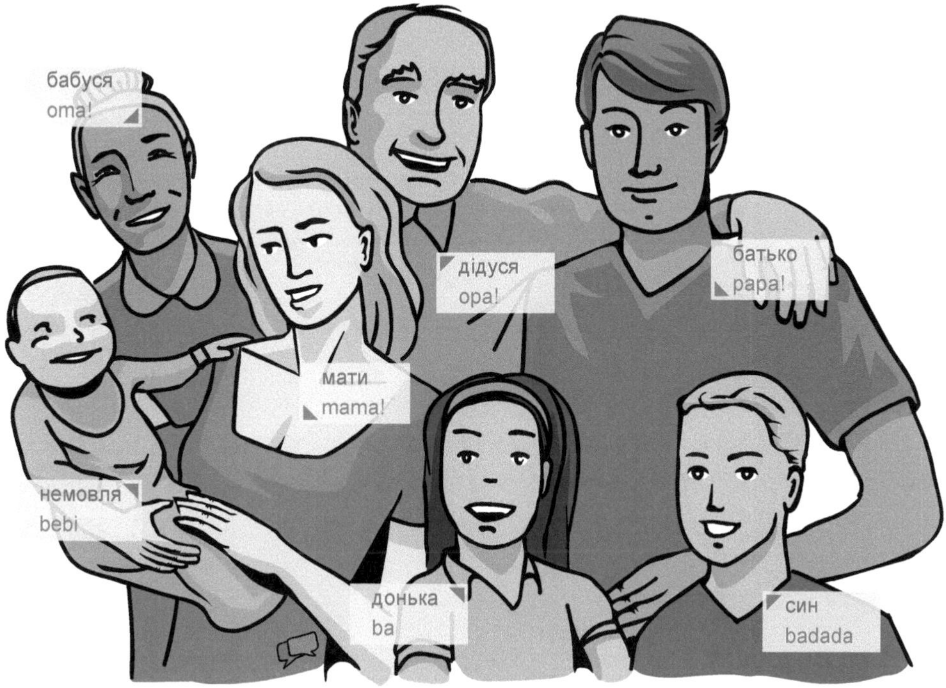

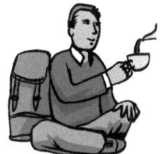

гість

baba

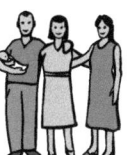

тітка

ba

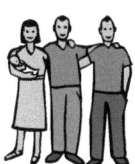

дядько

bababa

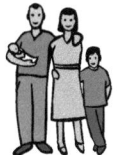

брат

nein!

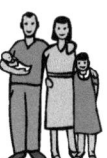

сестра

nein!

тіло

dadababa

чоло
bababa
око
dada
плече
bababa
палець
dada
обличчя
dada
підборіддя
dadababa
кисть
baba
нога
dadaba
груди
da
рука
bababa

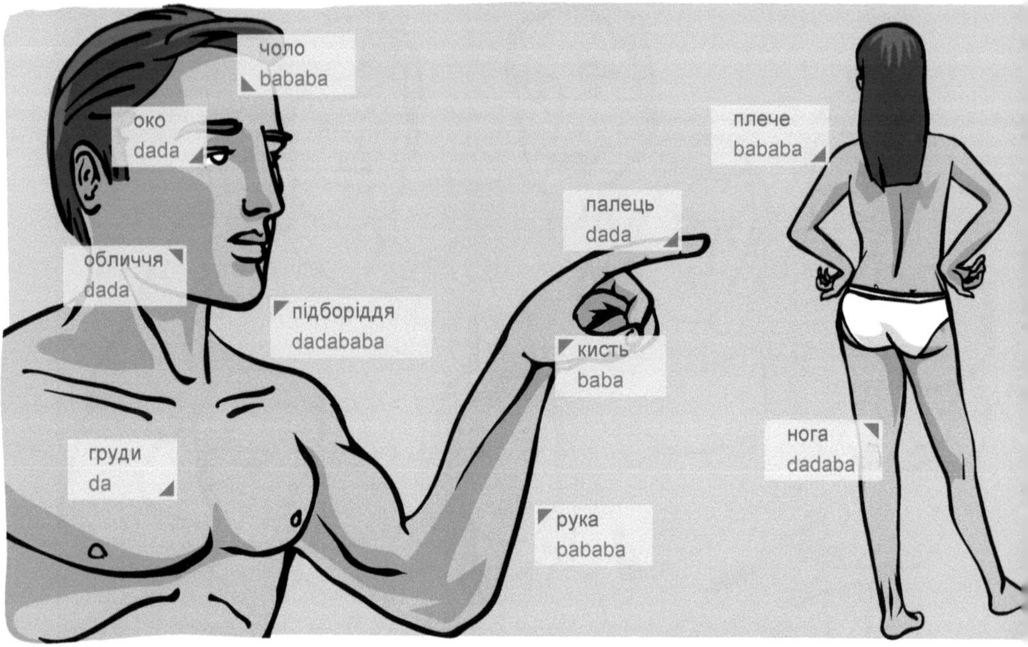

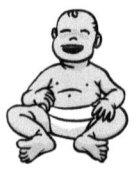

немовля
bebi

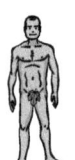

чоловік
papa!

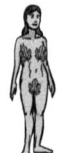

жінка
mama

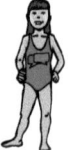

дівчина
baba

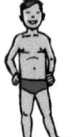

хлопчик
babadada

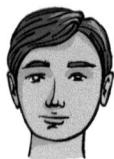

голова
bababa

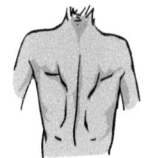

спина

baba

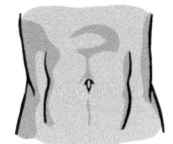

живіт

dadababa

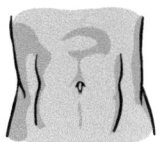

пуп

dada

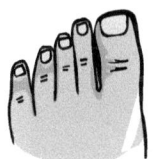

палець ноги

dadababa

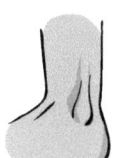

п'ята

ba

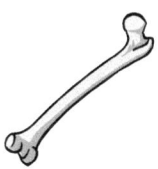

кістка

badada

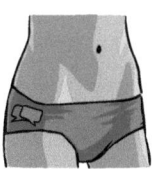

стегно

bababa

коліно

dada

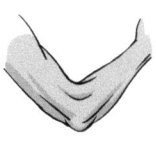

лікоть

dadadada

ніс

bababa

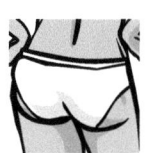

сідниці

popo

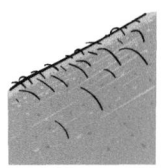

шкіра

dadaba

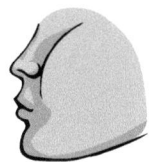

щока

badada

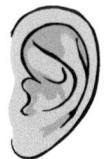

вухо

dada

губа

babababa

рот

dadababa

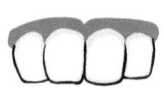

зуб

dadadada

язик

baba

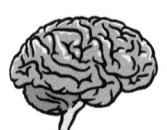

мозок

dadadada

серце

baba

м'яз

dada

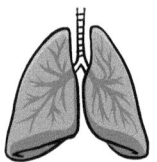

легені

dada

печінка

dada

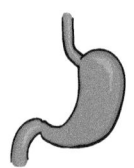

шлунок

dadababa

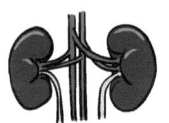

нирки

dadaba

статевий акт

babadada

презерватив

dada

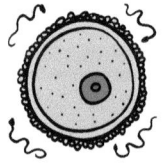

яйцеклітина

badada

сперма

dadababa

вагітність

dadababa

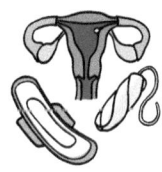

менструація
....
ba

вагіна
....
mumu

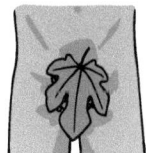

пеніс
....
pipi

брова
....
dada

волосся
....
dadababa

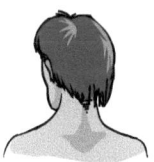

шия
....
bababa

лікарня
aua!

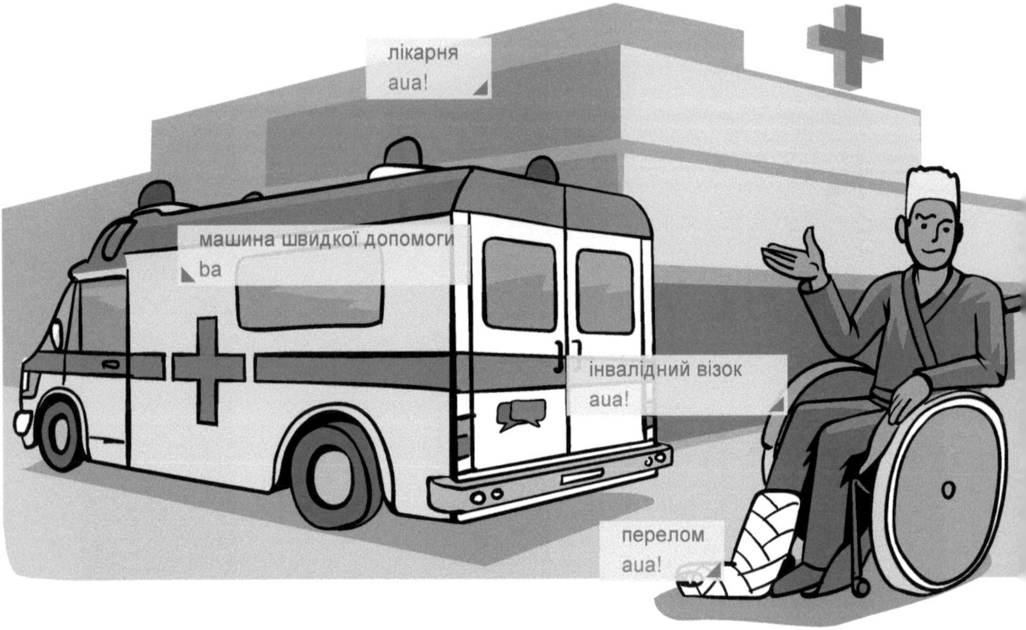

машина швидкої допомоги
ba

інвалідний візок
aua!

перелом
aua!

лікар

aua!

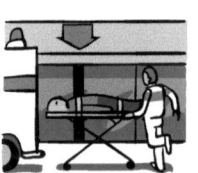

відділення швидкої
медичної допомоги

aua!

медсестра

aua!

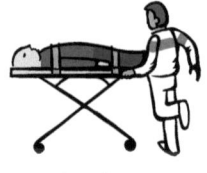

аварійний випадок

aua!

непритомний

aua!

біль

dadababa

травма

aua!

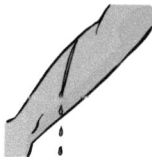

кровотеча

dadadada

інфаркт

aua!

інсульт

aua!

алергія

dadababa

кашель

aua!

лихоманка

aua!

грип

aua!

пронос

aua!

головна біль

aua!

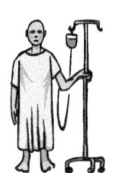

рак

aua!

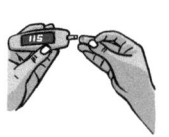

діабет

aua!

хірург

aua!

скальпель

aua!

операція

aua!

КТ
....
aua!

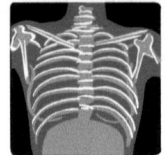

рентген
....
aua!

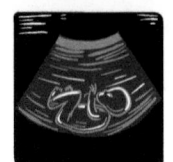

ультразвук
....
aua!

маска
....
aua!

хвороба
....
aua!

зал очікування
....
aua!

милиця
....
aua!

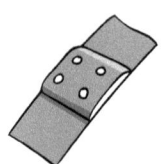

пластир
....
aua!

пов'язка
....
dadababa

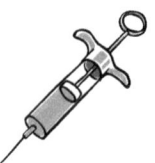

ін'єкція
....
aua!

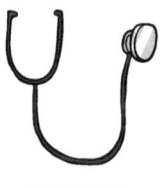

стетоскоп
....
aua!

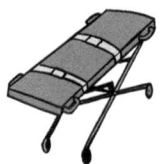

ноші
....
aua!

термометр
....
aua!

народження
....
aua! bebi!

надмірна вага
....
aua!

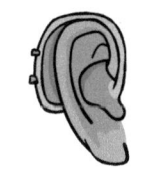

слуховий апарат

....

aua!

дезінфікуючий засіб

....

aua!

інфекція

....

aua!

вірус

....

aua!

ВІЛ / СНІД

....

aua!

медицина

....

aua!

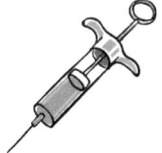

вакцинація

....

aua!

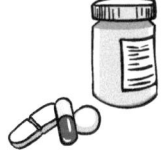

таблетки

....

aua!

протизаплідна пігулка

....

dadaba

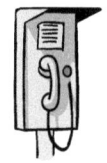

екстрений виклик

....

aua!

тонометр

....

aua!

хворий / здоровий

....

da / ba

сигнал тривоги

aua!

напад

aua!

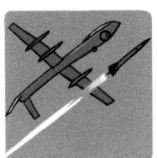

атака

aua!

небезпека

aua!

аварійний вихід

dadadada

Вогонь!

dadaba

вогнегасник

dadaba

аварія

aua! aua!

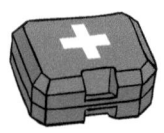

аптечка

aua!

СОС

baba

поліція

dadadada

Європа

badada

Північна Америка

dadaba

Південна Америка

dadababa

Африка

dadaba

Азія

dadaba

Австралія

babababa

Атлантика

badada

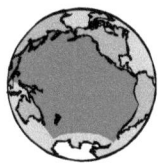

Тихий океан

dadaba

Індійський океан

baba

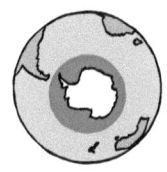

Антарктичний океан

bababa

Північний Льодовитий
океан

dadababa

Північний полюс

bababa

Південний полюс

dadababa

Антарктика

dadaba

Земля

dada

суша

dadaba

море

badada

острів

dadadada

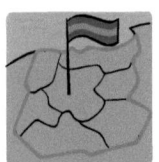

нація

dadadada

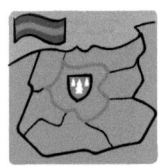

держава

dadababa

циферблат

baba

годинникова стрілка

babadada

хвилинна стрілка

baba

секундна стрілка

bababa

Котра година?

dadababa

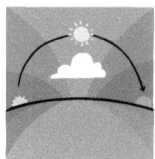

день

babadada

час

dada

зараз

baba

цифровий годинник

dadababa

хвилина

dadababa

година

bababa

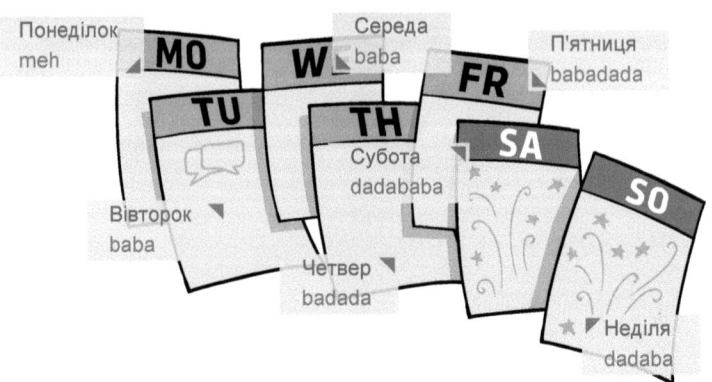

Понеділок
meh

Середа
baba

П'ятниця
babadada

Субота
dadababa

Вівторок
baba

Четвер
badada

Неділя
dadaba

вчора

dadadada

сьогодні

dadababa

завтра

dadaba

ранок

baba

опівдні

baba

вечір

dadadada

робочі дні

dada

кінець робочого тижня

baba

дощ
dadababa

веселка
dadaba

сніг
kalt

вітер
dadadada

весна
dadadada

осінь
bababa

літо
badada

зима
kalt

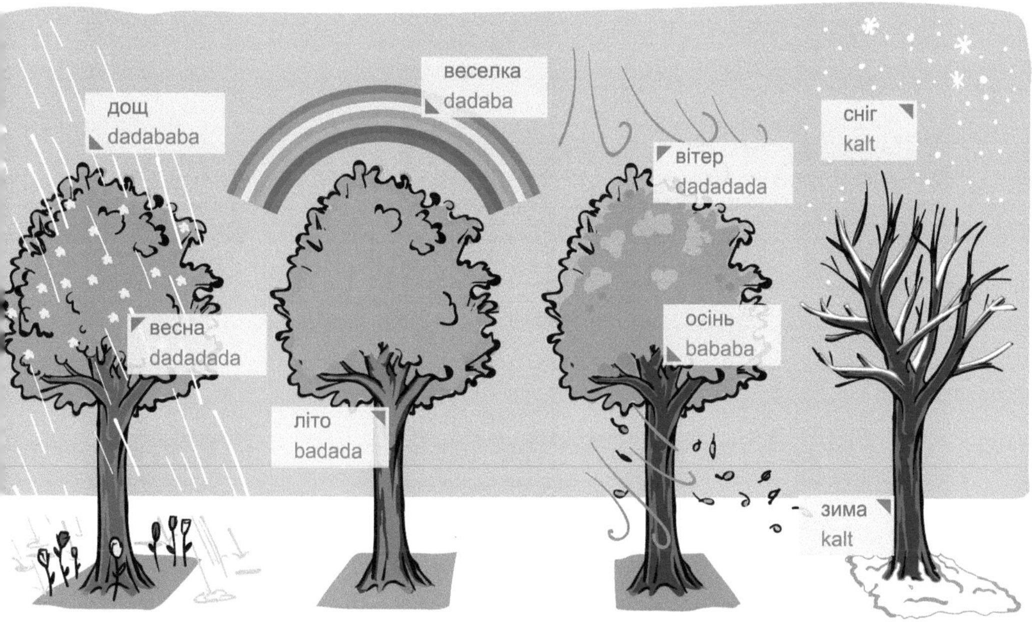

прогноз погоди
dadababa

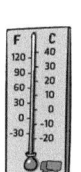

термометр
bababa

сонячне світло
ba

хмара
baba

туман
dadadada

вологість повітря
dada

блискавка

dadababa

грім

dada

шторм

badada

град

dadababa

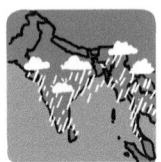

мусон

bababa

повінь

dadaba

лід

dadadada

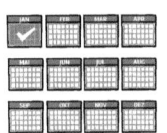

Січень

dadaba

Лютий

dadaba

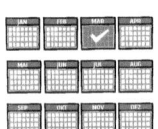

Березень

bababa

Квітень

dadadada

Травень

dadadada

Червень

babababa

Липень

baba

Серпень

bababa

Вересень

dadadada

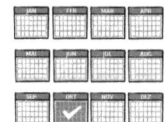

Жовтень

badada

Листопад

dadababa

Грудень

baba

форми
dadababa

круг

baba

квадрат

badada

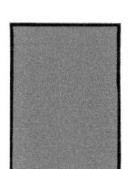

прямокутник

dadababa

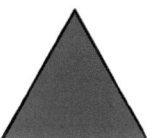

трикутник

babababa

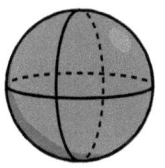

куля

dadadada

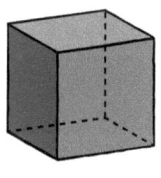

куб

babababa

білий

dadababa

жовтий

babababa

помаранчевий

baba

рожевий

dadadada

червоний

babadada

фіолетовий

dadababa

синій

dadadada

зелений

ba

коричневий

baba

сірий

bababa

чорний

badada

багато / мало

da / ba

лютий / мирний

da / ba

гарний / бридкий

da / ba

початок / кінець

da / ba

великий / малий

da / ba

світлий / темний

da / ba

брат / сестра

da / ba

чистий / брудний

da / ba

завершений /
незавершений
da / bada

день / ніч

da / ba

мертвий / живий

da / ba

широкий / вузький

da / ba

їстівний / неїстівний

da / ba

злий / дружній

da / ba

збуджений / нудьгуючий

ba / ba

товстий / тонкий

da / ba

спочатку / востаннє

ba / ba

друг / ворог

da / bada

повний / порожній

da / ba

жорсткий / м'який

da / ba

важкий / легкий

da / ba

голод / спрага

da / bada

хворий / здоровий

da / ba

незаконний / законний

da / ba

розумний / дурний

da / ba

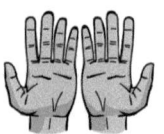

вліво / вправо

ba / ba

поруч / далеко

da / ba

новий / використаний

da / bada

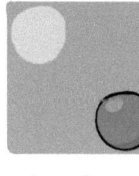

нічого / щось

da / ba

старий / молодий

ba / ba

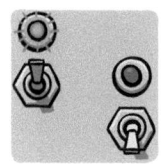

вкл / викл

da / ba

відкрито / закрито

da / ba

тихо / гучно

da / ba

багатий / бідний

ba / ba

правильно / неправильно

da / ba

шорсткий / гладкий

da / ba

сумний / щасливий

ba / ba

короткий / довгий

da / ba

повільно / швидко

da / ba

вологий / сухий

da / bada

гарячий / холодний

da / bada

війна / мир

da / ba

dadaba

0

нуль

dada

1

один

a

2

два

ba

3

три

da ba da

4

чотири

badabada

5

п'ять

dadababa

6

шість

dadaba

7

сім

badada

8

вісім

dadababa

9

дев'ять

dadaba

10

десять

dadadada

11

одинадцять

badada

12

дванадцять

baba

13

тринадцять

bababa

14

чотирнадцять

baba

15

п'ятнадцять

babadada

16

шістнадцять

dadababa

17

сімнадцять

babababa

18

вісімнадцять

dadababa

19

дев'ятнадцять

bababa

20

двадцять

dadababa

100

сто

baba

1.000

тисяча

baba

1.000.000

мільйон

dadababa

англійська

baba

американська англійська

babadada

китайська
високочиновницька

dadababa

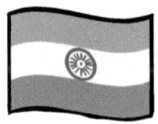

хінді

ba

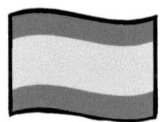

іспанська

badada

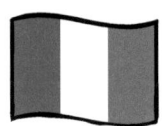

французька

ohlala

арабська

babadada

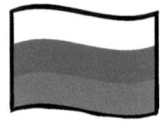

російська

dadaba

португальська

dada

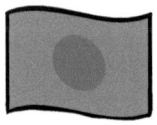

бенгальська

dadadada

німецька

badada

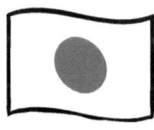

японська

dadadada

я

a

ти

dadadada

він / вона / воно

da / da / da

ми

o ba ma

ви

babababa

вони

baba

хто?

dadadada

що?

dadadada

як?

baba

де?

babababa

коли?

babadada

ім'я

dadaba

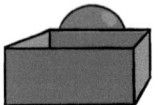

ззаду

baba

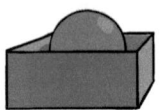

в

dadaba

перед

baba

над

ba

на

baba

під

dadababa

біля

babababa

між

ba

місце

dada